Rr

Rr

Rr

r

rabbit

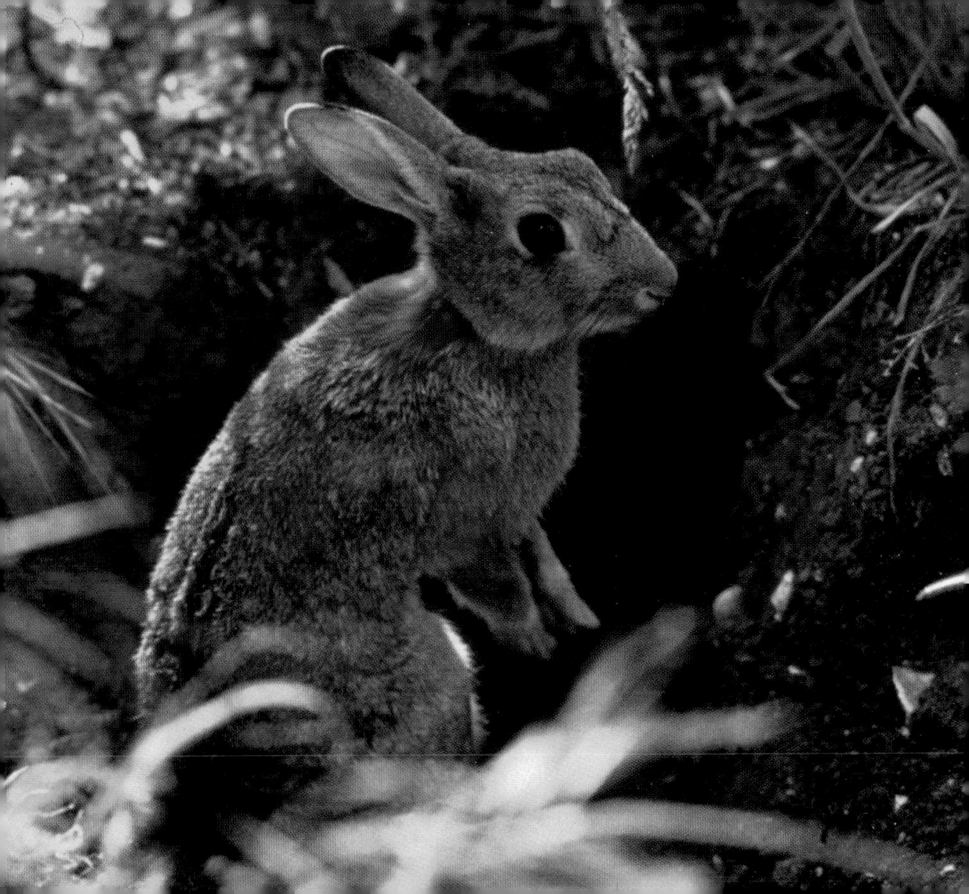

red

road

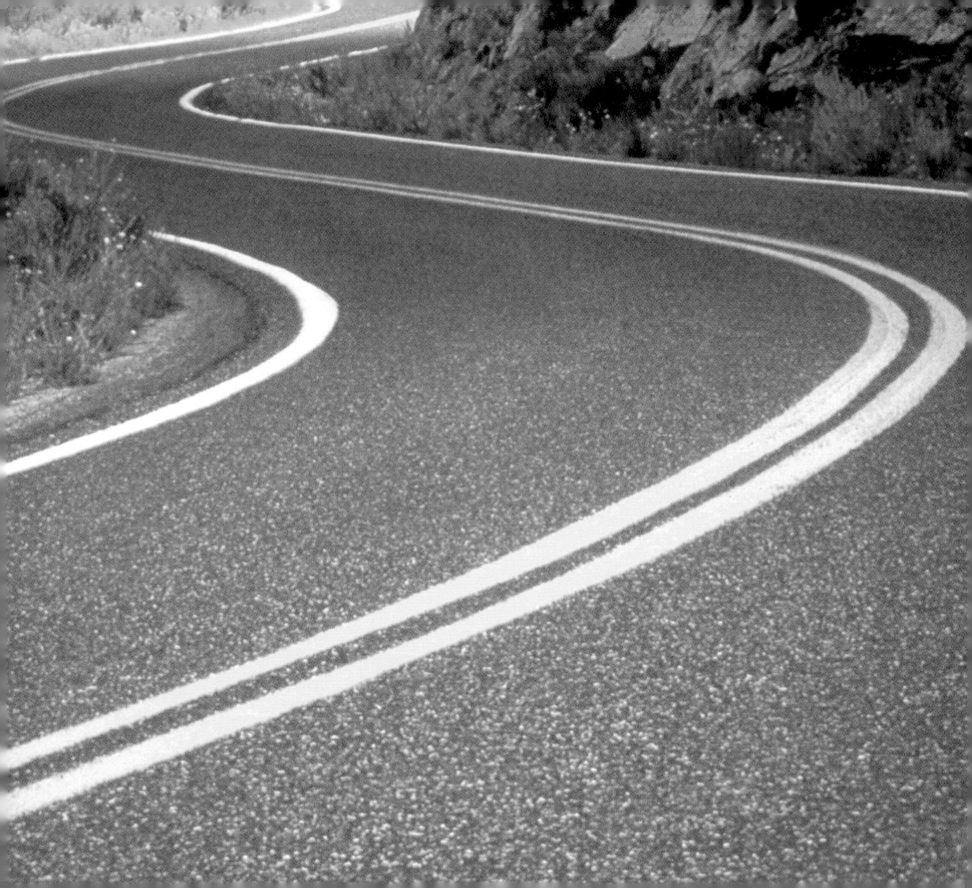

river

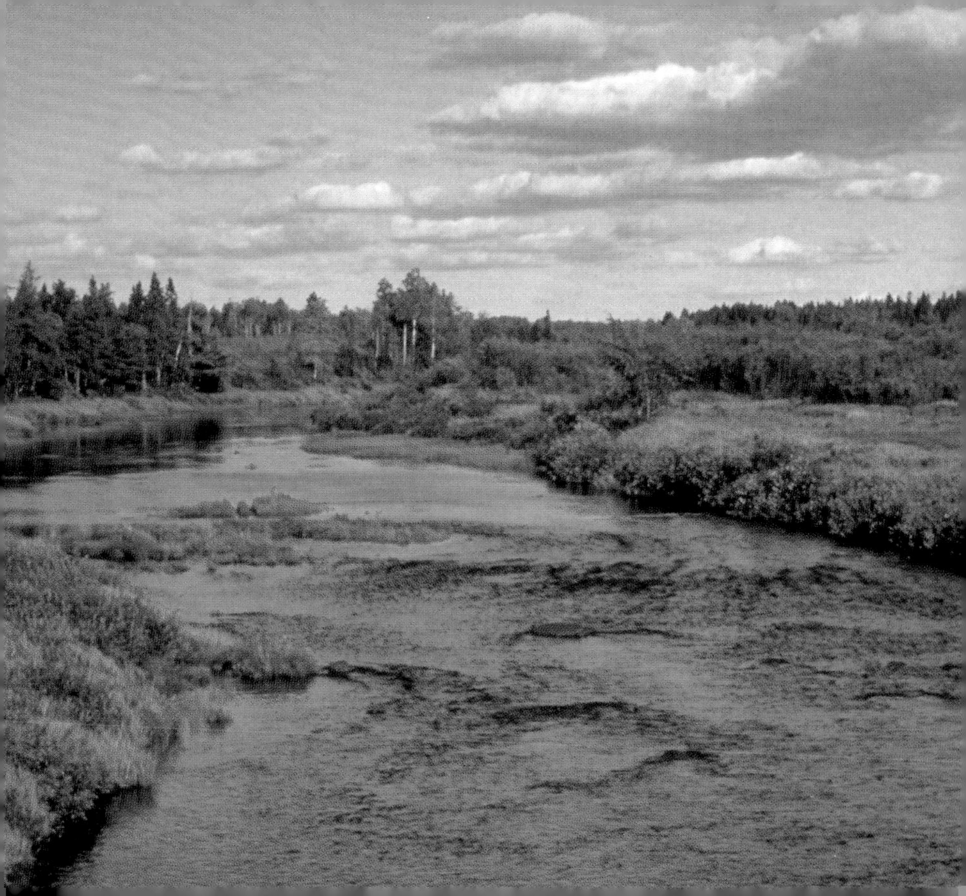

rainbow

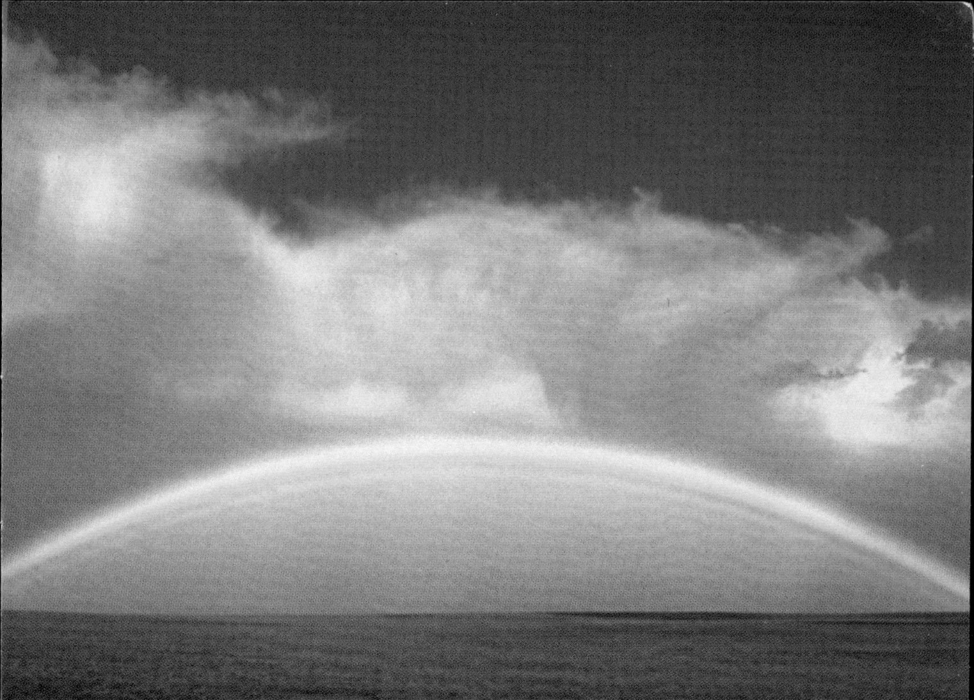

ring

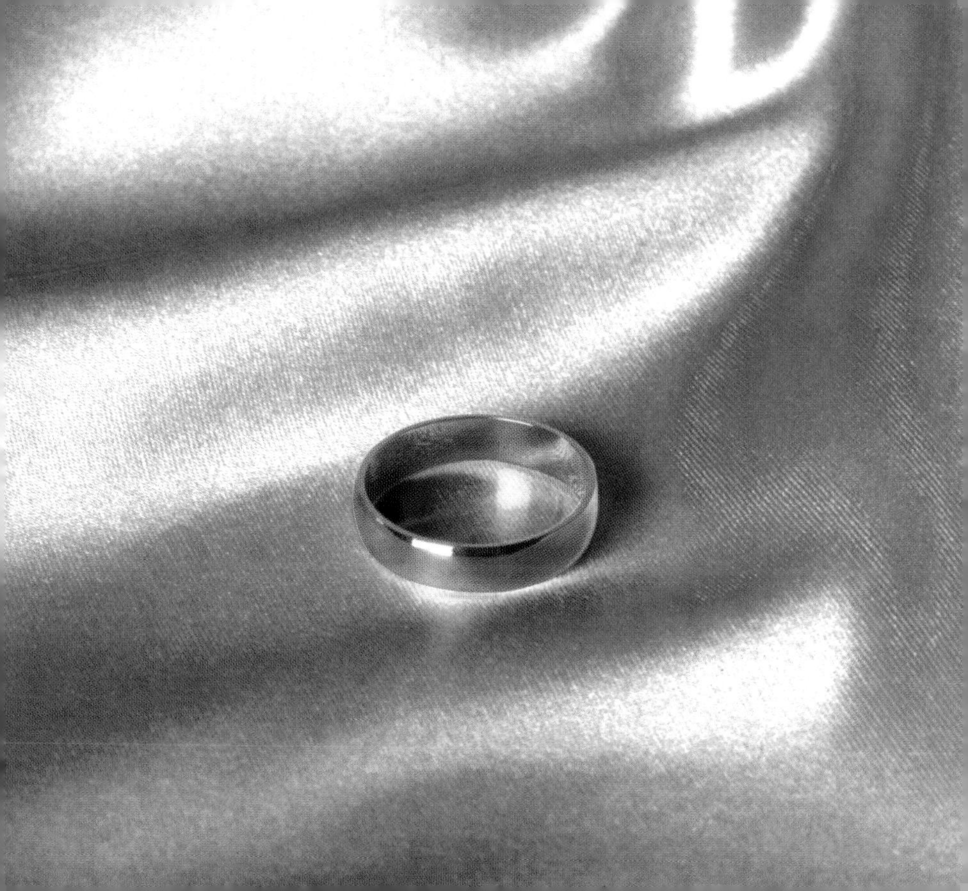

rope

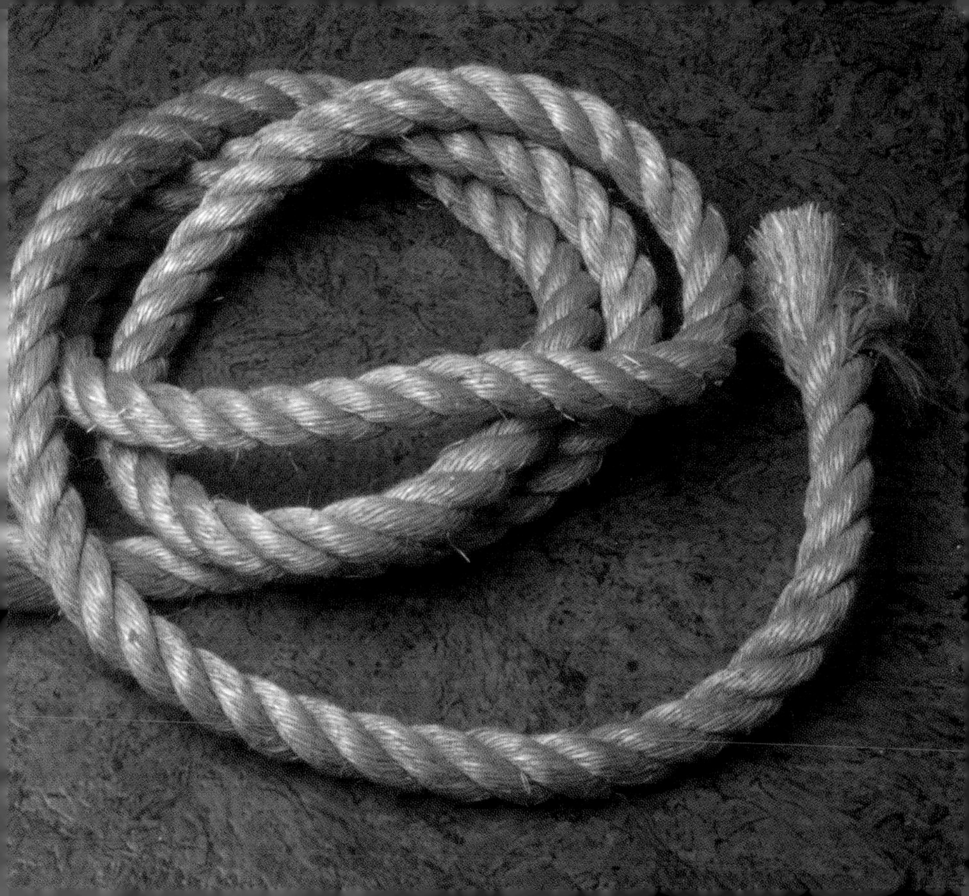

r

rabbit

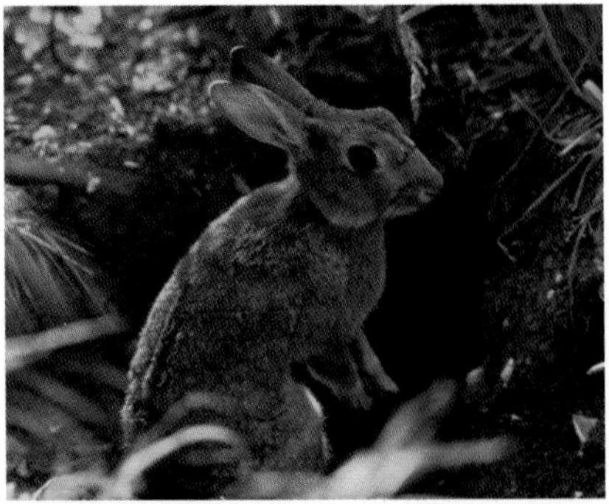